Ari Liberman

A evolução da nuvem

Ari Liberman

A evolução da nuvem

Trabalho, progresso e perspectivas da infraestrutura de computação em nuvem

ScienciaScripts

Imprint

Cover image: www.ingimage.com

This book is a translation from the original published under ISBN 978-3-659-86371-4.

Publisher:
Sciencia Scripts
is a trademark of
Dodo Books Indian Ocean Ltd. and OmniScriptum S.R.L publishing group

120 High Road, East Finchley, London, N2 9ED, United Kingdom
Str. Armeneasca 28/1, office 1, Chisinau MD-2012, Republic of Moldova, Europe
Managing Directors: Ieva Konstantinova, Victoria Ursu
info@omniscriptum.com

Printed at: see last page
ISBN: 978-620-8-51021-3

Índice

Resumo

A computação em nuvem permitiu a implementação de sistemas em escala sem exigir conhecimentos profundos em gestão de infra-estruturas ou pessoal altamente especializado. Em apenas alguns anos, a computação em nuvem tornou-se um dos segmentos tecnológicos de mais rápido crescimento no sector das tecnologias da informação e transformou a forma como as aplicações são criadas e como as empresas gerem o seu crescimento. O mercado da computação em nuvem tornou-se rapidamente um dos sectores mais competitivos, com as empresas a empenharem os seus esforços na criação de plataformas de computação em nuvem e em estratégias de preços agressivas, numa tentativa de dominar o mercado.

Este trabalho mostra as origens do sector das Infra-estruturas como Serviço e uma análise da dinâmica do mercado, analisando os portfólios e as estratégias dos principais concorrentes neste espaço. Além disso, este relatório mostra quais são os desenvolvimentos que irão impulsionar a inovação no sector da nuvem nos próximos anos.

Orientador da tese: Michael A. Cusumano

Título: Sloan Management Review Distinguished Professor of Management

Agradecimentos

Antes de mais, gostaria de dedicar esta tese à minha mulher Alejandra e à nossa filha Eva pelo seu amor e encorajamento contínuo ao longo dos meus estudos no MIT. Agradeço aos meus pais e à minha família por me apoiarem sempre na minha educação e nos meus esforços profissionais.

Agradeço também ao Professor Michael A. Cusumano, pela sua orientação e conselhos durante a redação desta tese. Por último, gostaria de agradecer ao pessoal e aos meus amigos do programa SDM, especialmente a Pat Hale, Bill Foley e Amal Elalam, por terem feito desta uma experiência única que guardarei para toda a vida.

Introdução

"A informática poderá um dia ser organizada como um serviço público, tal como o sistema telefónico é um serviço público. Cada assinante só tem de pagar pela capacidade que efetivamente utiliza, mas tem acesso a todas as linguagens de programação caraterísticas de um sistema muito grande ... Alguns assinantes podem oferecer serviços a outros assinantes ... O serviço público de informática poderia tornar-se a base de uma nova e importante indústria"

-Professor John McCarthy, 1961

A computação em nuvem transformou a forma como os sistemas e as aplicações são criados, distribuídos e escalonados e é, sem dúvida, um dos desenvolvimentos tecnológicos mais importantes da última década. Esta tecnologia permitiu que indivíduos e empresas partilhassem um conjunto de recursos de computação, armazenamento e ligação em rede, permitindo o controlo do hardware subjacente necessário para operar grande parte da Internet, reduzindo simultaneamente os custos operacionais e a complexidade. Embora o conceito não seja totalmente novo, a tecnologia de virtualização subjacente que alimenta a computação em nuvem pode ser considerada um dos avanços mais importantes dos últimos tempos.

Nesta tese, apresentarei uma panorâmica do sector da infraestrutura como serviço, desde meados da década de 2000 até aos dias de hoje, fornecendo a direção do mercado, a estratégia de crescimento e o panorama competitivo.

O primeiro capítulo apresenta uma panorâmica do sector da computação em nuvem, incluindo um breve historial, a classificação dos diferentes tipos de computação em nuvem e uma panorâmica de alto nível dos elementos básicos desta tecnologia.

O segundo capítulo desta tese centrar-se-á nas nuvens proprietárias e na forma como estas se desenvolveram, dada a ampla adoção da computação em nuvem, a dinâmica e os factores que provocam esta divisão e um mergulho profundo no catálogo de produtos dos grandes intervenientes neste espaço.

O terceiro capítulo desta tese centrar-se-á nas nuvens de código aberto, como o OpenStack e o CloudStack, e fará uma análise aprofundada do Rackspace, um líder no espaço das nuvens de código aberto.

Por fim, o último capítulo desta tese centrar-se-á nos contentores, um novo modelo disruptivo que está a mudar a forma como a computação em nuvem é fornecida, e apresentarei um estudo de caso de uma das principais startups neste espaço, a Docker.

Este documento deve servir de guia para empresários e gestores de TI que sejam utilizadores novos ou intermédios da nuvem e o principal objetivo desta tese é ajudá-los a navegar pelas diferentes opções disponíveis e a tomar a melhor decisão com base nas suas necessidades e requisitos. Além disso, nesta tese, analisaremos alguns dos novos desenvolvimentos no sector que estão a moldar o mercado das infra-estruturas de computação em nuvem, como a criação de novas plataformas que facilitarão o processo de implementação e reduzirão as ineficiências na nuvem decorrentes da tecnologia de virtualização.

Motivação

Antes de ingressar no MIT no programa de Gestão de Sistemas e Design, trabalhei para várias empresas da Internet, incluindo a Amazon e a Yahoo. Enquanto trabalhava no desenvolvimento da interface de utilizador para aplicações como o Kindle Cloud Reader e o Yahoo! Mail, sempre lidei indiretamente com a infraestrutura subjacente que alimentava estas aplicações, mas nunca a geri diretamente.

A primeira vez que fui exposto ao conceito de nuvem foi no início de 2007, quando estava a trabalhar como engenheiro de software para a Appian, uma empresa que produzia software empresarial para gestão de processos empresariais. A empresa estava a considerar oferecer o conjunto de software numa espécie de subscrição, utilizando o EC2 da Amazon. Mais tarde, quando entrei para a Yahoo para trabalhar no Mail, dei por mim a trabalhar em software de aplicação que seria executado nos clusters da empresa em todo o mundo, mas descobri que havia imensas ineficiências na utilização deste hardware.

Foi só em 2012, quando entrei para a Amazon, um dos pioneiros da computação em nuvem moderna, que o potencial desta tecnologia se tornou óbvio para mim. Qualquer empresa, pequena ou grande, tem o problema de necessitar de diferentes tipos de infra-estruturas, e estas necessidades variam consideravelmente com o tempo, pelo que a melhor opção para escalar com estas mudanças é utilizar a nuvem. Comecei a interessar-me mais por esta tecnologia para desenvolver novas aplicações e criar novas startups, especialmente para mercados em desenvolvimento como o México, e acabei por começar a trabalhar como Gestor de Produto para um dos maiores fornecedores de serviços de computação em nuvem do mundo, a Rackspace. Queria aproveitar esta oportunidade para aprender e expandir os meus conhecimentos sobre a computação em nuvem, em particular sobre as suas origens, as diferentes ofertas de produtos e estratégias seguidas pelos principais fornecedores do sector e, por fim, avaliar alguns dos desenvolvimentos que estão a mudar o sector.

1 Visão geral da nuvem

A origem exacta do termo "*computação em nuvem*" não é clara, no entanto, nasceu da prática de desenhar sistemas de rede utilizando diagramas de nuvens para designar sistemas de computação, armazenamento e redes. Embora o termo só se tenha tornado popular por volta de 2008, a teoria tem sido posta em prática desde os primeiros sistemas mainframe nos anos 60 e 70 com a computação em timesharing(1).

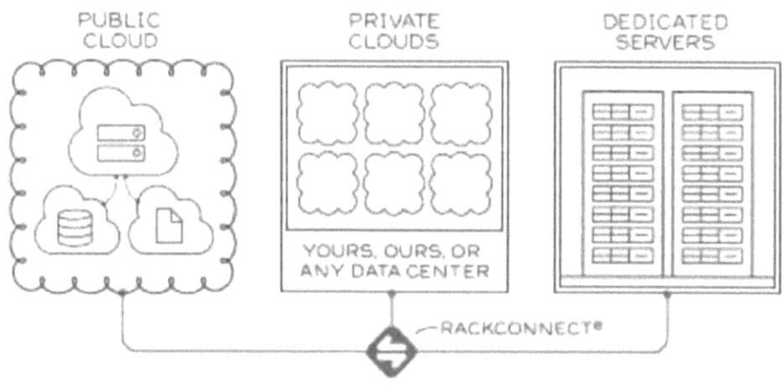

Figura 1: Diagrama de computação em nuvem da Rackspace(2)

O boom das empresas "dotcom" na década de 1990 abriu caminho aos avanços nos sistemas de telecomunicações, ao aumento da largura de banda, ao fácil acesso a dispositivos informáticos pessoais e à proliferação de redes de alta velocidade. Mesmo com estes avanços, só uma década mais tarde é que a indústria da computação em nuvem ganhou notoriedade.

A computação em nuvem é utilizada para descrever muitos serviços diferentes, mais frequentemente através de modelos de software como serviço, mas também através de modelos de preços de serviços públicos conhecidos como infra-estruturas como serviço. Algumas das primeiras ofertas da moderna computação em nuvem incluem a Salesforce.com e a Amazon Web Services como principais adoptantes, mas mais recentemente tornou-se um dos modelos de negócio mais populares para muitas das grandes e estabelecidas empresas de tecnologia, como a Apple, a Microsoft, a IBM, a HP, a Google e a Rackspace.

Os fornecedores de serviços de computação em nuvem podem cobrar pelos seus serviços através de planos de preços de serviços públicos ou, normalmente, através de modelos de subscrição. Dado que este modelo oferece geralmente produtos a preços mais baixos do que os modelos tradicionais na indústria do software, está a mudar a forma como o valor é entregue ao cliente e a acelerar a taxa de criação de novos produtos e de empresas em fase de arranque em todo o mundo. Outra vantagem dos serviços de computação em nuvem é o facto de diminuírem o investimento necessário para gerir centros de dados e manter pessoal técnico para manter e apoiar a infraestrutura, reorientando assim esses esforços para a criação de valor para os seus clientes.

Um dos principais motores da computação em nuvem é a tecnologia de virtualização subjacente. Esta tecnologia permite que os computadores executem simultaneamente vários sistemas operativos e aplicações com o mesmo hardware, permitindo uma utilização mais eficiente dos recursos(3). A infraestrutura como serviço baseia-se nesta tecnologia, permitindo que "vários inquilinos" vivam no mesmo servidor, repartindo os custos com outros clientes. Com a computação em nuvem, as organizações podem utilizar recursos partilhados em vez de construírem e manterem a sua própria infraestrutura. Por último, a computação em nuvem permite o fornecimento flexível e elástico de capacidades de TI utilizando tecnologias da Internet.

1.1 Uma breve história da nuvem

O conceito de computação em nuvem remonta à década de 1960, com ideias como a da "rede intergaláctica de computadores", introduzida por J.C.R. Licklider ao apresentar a ARPANET através de um memorando à comunidade científica(4). O conceito de nuvem ainda não existia nessa altura, mas foi o nascimento da Internet e a abstração da camada de rede que deram origem ao conceito de um caminho abstrato entre diferentes sistemas informáticos. Não muito mais tarde, John McCarthy sugeriu que "a computação pode um dia ser organizada como um serviço de utilidade pública, tal como o sistema telefónico é um serviço de utilidade pública", ao discursar na celebração do centenário do MIT em 1961. Também descreveu o potencial desta tecnologia como um sistema em que "cada assinante só tem de pagar pela capacidade que efetivamente utiliza, mas tem acesso a todas as linguagens de programação caraterísticas de um sistema muito grande... Alguns assinantes podem oferecer serviços a outros assinantes. A utilidade informática poderia tornar-se a base de uma nova e importante indústria"(5). Estas palavras descrevem profeticamente o que estamos a viver hoje na moderna computação em nuvem.

Na prática, foi só muito depois de a computação em nuvem se ter tornado popular que empresas como a Salesforce.com foram pioneiras no fornecimento de sistemas empresariais. A Salesforce fornecia o seu software através de uma nova abordagem: em vez de cobrar aos clientes a compra de uma licença de software à cabeça, cobrava através de um modelo de subscrição mensal. Ao utilizar este modelo, melhor descrito como Software-as-a-Service (Saas), tornou-se possível aceder a software alojado remotamente através de um simples sítio Web que podia ser escalado em função da utilização e que seria facturado de forma semelhante a um serviço público, como uma rede eléctrica ou de água. Estas empresas tornaram-se proxies da computação em nuvem para os seus clientes, mas não ofereciam uma infraestrutura real que pudesse ser utilizada para um fim genérico.

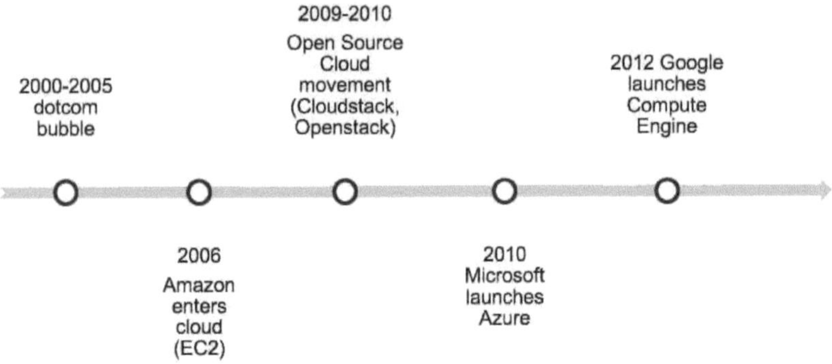

Figura 2: Marcos da computação em nuvem

O marco mais importante para a computação em nuvem moderna foi o lançamento do EC2, o Elastic Compute Cloud desenvolvido pela Amazon Web Services, e que mais tarde se tornou o modelo para a Infraestrutura como Serviço (IaaS). A IaaS permitiu que os indivíduos e as pequenas empresas alugassem computadores nos quais executariam as suas aplicações, pagando apenas os recursos que utilizassem por hora, com a promessa de que poderiam aumentar a sua dimensão em qualquer altura com uma capacidade praticamente ilimitada (6). Esta capacidade já era suportada internamente através da utilização da virtualização, mas tradicionalmente implicava despesas de capital com grandes investimentos iniciais e taxas de manutenção mais baixas.

A Amazon teve um início precoce no mercado de IaaS e esteve praticamente sozinha nesse mercado durante algum tempo, mas não foi muito depois que outras empresas, como a Rackspace, entraram com ofertas de produtos semelhantes e, eventualmente, a Microsoft e a Google apanharam-nos em 2010 e 2012, respetivamente. A próxima secção deste capítulo centrar-se-á nos componentes da nuvem, na história e no posicionamento dos principais intervenientes no mercado de IaaS na nuvem.

1.2 Elementos básicos da computação em nuvem

A computação em nuvem é utilizada para descrever uma vasta gama de serviços e produtos; no entanto, é normalmente composta por três blocos de construção fundamentais: *computação, redes e armazenamento.*

- **Computar:**

A computação é o coração da oferta de nuvem. É oferecida como capacidades de processamento alimentadas por máquinas virtuais que são executadas num servidor anfitrião físico. Há diversas variáveis que fazem parte de uma oferta de computação: **RAM**, **vCPUs**, **disco** e **largura de banda**. Normalmente, estas quatro variáveis são combinadas para produzir diferentes tipos de servidores que abordam diferentes cargas de trabalho de computação. Embora a maior parte da computação atual seja obtida através de máquinas virtuais, existem algumas ofertas disponíveis em hardware simples, como a oferta OnMetal(7) da Rackspace, que, no entanto, continuam a ser geridas através dos mesmos métodos e o modelo de preços permanece semelhante. Outra forma de computação está disponível através de ofertas PaaS que executam código sem que o utilizador tenha de configurar ou manter a infraestrutura subjacente. O exemplo mais recente é o lançamento do AWS Lambda, um produto de computação que se destina a executar funções baseadas em eventos que são desencadeadas sob determinadas condições e que são capazes de fazer spinoff das máquinas virtuais subjacentes sem exigir a intervenção do utilizador. Isto permite que o programador se concentre na sua lógica empresarial, em vez de executar serviços. Por último, o terceiro tipo de produto informático são os contentores. Os contentores permitem reduzir as ineficiências dos sistemas operativos subjacentes repetitivos numa máquina virtual, de modo a que apenas as bibliotecas principais e a aplicação sejam executadas sobre uma camada partilhada do sistema operativo, reduzindo assim as despesas gerais necessárias para executar imagens completas. O último capítulo desta tese apresentará uma panorâmica do Docker, a principal estrutura de contentores.

- **Armazenamento:**

Os fornecedores de serviços de computação em nuvem oferecem normalmente armazenamento através de diferentes métodos: armazenamento em bloco, redes de distribuição de conteúdos e armazenamento de objectos. O armazenamento pode ser ligado diretamente ao servidor físico, como nas arquitecturas informáticas tradicionais, mas também pode ser ligado à máquina virtual através do armazenamento em bloco ou de volumes. Existem também vários níveis de armazenamento: Servidores de borda, para conteúdos estáticos rápidos e fiáveis geograficamente próximos do consumidor, soluções de armazenamento de objectos que permitem soluções simples de armazenamento de objectos e até soluções de cópia de segurança para dados de baixa utilização que não precisam de ser obtidos imediatamente.

- **Ligação em rede:**

A ligação em rede engloba um grande número de produtos, incluindo sistemas de nomes de domínio (DNS), capacidades de criação de sub-redes, partilha de endereços IP (Internet Protocol), VLAN (Virtual Land Area Networks) e a largura de banda necessária para ligar as diferentes partes da infraestrutura, especificamente máquinas virtuais e soluções de armazenamento.

1.3 Classificação da nuvem

Existem três tipos de nuvem, consoante as necessidades do cliente: Pública, Privada e Híbrida. Estes três tipos oferecem diferentes níveis de gestão, segurança e preços.

Uma nuvem **pública** em geral consiste em recursos que estão localizados fora do local através da Internet e que são partilhados com outros clientes. Numa nuvem pública, a infraestrutura é normalmente multilocatária, o que significa que vários utilizadores podem partilhar o mesmo hardware ou servidor subjacente, funcionando em servidores e recursos padrão, como rede, armazenamento, energia, refrigeração e computação, que são todos partilhados. Normalmente, o cliente não tem visibilidade sobre o local onde esta infraestrutura está alojada, exceto para escolher a região geográfica.

O preço de uma nuvem pública é normalmente calculado por unidades de tempo por Gigabyte de memória e armazenamento.

Numa nuvem **privada**, a infraestrutura é efetivamente dedicada a um determinado cliente. Este tipo de nuvem pode ser alojado no local ou num centro de dados remoto e, normalmente, é mais dispendioso de operar, uma vez que requer hardware dedicado para ser protegido para um único locatário. Os clientes da nuvem privada têm mais controlo sobre a sua infraestrutura e, por conseguinte, podem cumprir os seus requisitos de conformidade e segurança.

Por último, uma nuvem **híbrida** é composta por infra-estruturas públicas e privadas. Os aspectos típicos das aplicações executadas numa nuvem híbrida são o facto de necessitarem de mais controlo sobre alguns serviços, ao mesmo tempo que precisam das capacidades de expansão da nuvem pública quando necessário. A infraestrutura pública é utilizada para gerir os requisitos de picos de carga, enquanto a nuvem privada pode ser utilizada para cumprir os requisitos de certificação, como os implementados pelos gateways de pagamento.

1.4 Serviços de aplicações na nuvem

Os fornecedores de infra-estruturas de computação em nuvem também estão a oferecer serviços de aplicação sob a forma de plataforma como serviço, serviços analíticos, serviços móveis, serviços de implantação e gestão e até mesmo mercados para terceiros oferecerem produtos e serviços sobre a sua infraestrutura. Por esta razão, a computação em nuvem não é apenas utilizada para descrever os blocos de construção principais, mas inclui também um conjunto muito vasto de serviços que são construídos sobre a infraestrutura e que podem ir desde serviços de plataforma a aplicações orientadas para o utilizador.

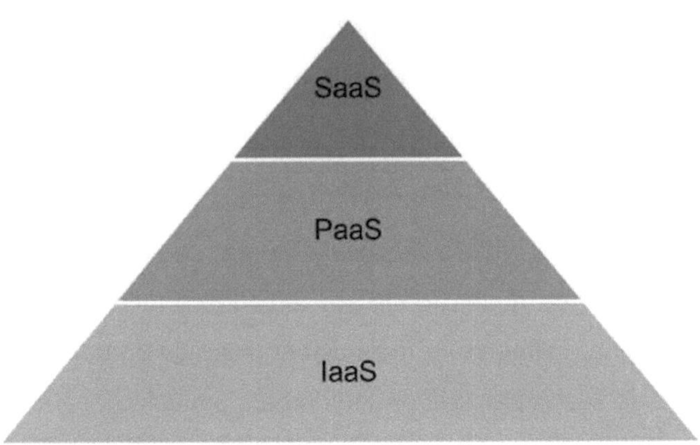

Figura 3: Pirâmide da pilha de computação em nuvem

Os líderes da computação em nuvem, como a Amazon, a Microsoft, a Google e a Rackspace, começaram por oferecer uma combinação de infra-estruturas de nuvem em bruto com os principais elementos de base (computação, armazenamento e ligação em rede), mas rapidamente mudaram o seu enfoque para níveis mais elevados da pirâmide da nuvem. Os principais motores desta mudança são a capacidade de fixar os clientes nas suas plataformas e de gerar maiores margens de lucro com isso. Este facto pode ser claramente observado pela dinâmica dos grandes concorrentes no espaço, baixando continuamente o preço dos principais elementos de base, num esforço para impulsionar o crescimento num mercado em rápida expansão.

A adoção generalizada dos modelos "as-a-Service" deu origem a uma vasta gama de serviços que adoptaram a abordagem baseada na utilidade dos modelos "Infrastructure-as-a-Service" e que tomaram emprestados dois aspectos principais: a capacidade de escalar graciosamente sem necessidade de gerir a infraestrutura subjacente e a flexibilidade nos modos de fixação de preços através da utilização de subscrições ou de modelos de pagamento por utilização.

Alguns exemplos destes tipos de serviços incluem:

- Backend-as-a-Service

- Base de dados como um serviço
- Segurança como um serviço
- Entrega como um serviço (Fulfillment-as-a-Service)
- Correio eletrónico como serviço
- Análise como um serviço

1.5 Análise de mercado

Em 2014, o mercado da computação em nuvem é composto por algumas das maiores e mais conhecidas empresas do sector tecnológico. Desde a introdução do Amazon Web Services Elastic Computing Cloud (EC2) em 2006, o mercado tornou-se mais competitivo com a entrada de grandes empresas de tecnologia, como a Google e a Microsoft, que antes não ofereciam serviços semelhantes. Algumas empresas tinham raízes na infraestrutura de alojamento gerido, como a Rackspace, mas a maioria das outras tinha raízes na indústria do hardware, como a HP e a IBM. Na figura da Gartner(8) apresentada abaixo, este espaço pode ser claramente representado no Quadrante Mágico para a Infraestrutura como Serviço.

Figura 4: Quadrante Mágico da Gartner para Infra-estruturas de Nuvem como um Serviço

Na Figura 4, o Quadrante Mágico da Gartner mostra o mercado de IaaS que não divergiu muito da introdução original da AWS. A Amazon tem sido consistentemente apresentada como líder neste espaço, mas, mais recentemente, pode ser vista seguida de perto pela Microsoft no quadrante superior direito. Abaixo da Amazon, um grande número de empresas no diagrama do quadrante dos desafiantes representa o resto do mercado.

A análise de um quadro semelhante do ponto de vista das receitas estimadas corrobora o relatório da Gartner. A AWS lidera o espaço por um fator importante, uma vez que, por si só, obtém mais receitas do que os seus três principais concorrentes, Google e Microsoft, seguidos da Rackspace. A AWS é, por si só, maior do que o resto dos seus concorrentes em termos de receitas e de quota de mercado. De acordo com as estimativas da própria AWS, está a acrescentar diariamente capacidade suficiente para alimentar a Amazon.com a partir do ano 2005.

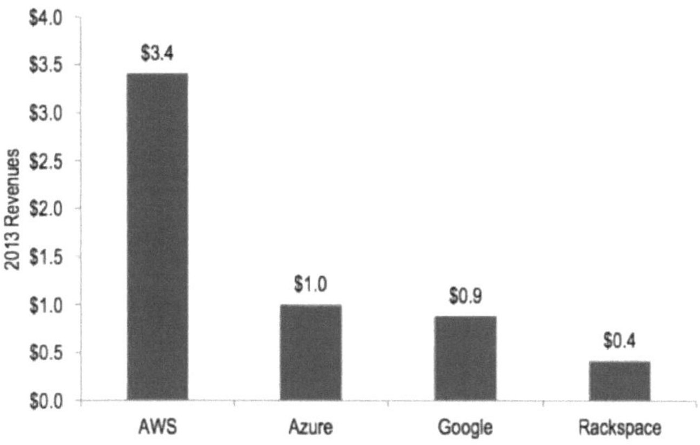

Figura 5: Receitas estimadas para 2013 (9)

O mercado total endereçável da nuvem está a expandir-se rapidamente devido a uma migração em massa das soluções tradicionais de centros de dados para sistemas flexíveis que a nuvem está mais apta a oferecer. Além disso, as empresas de IaaS começaram a oferecer produtos que vão muito além da infraestrutura comoditizada sob a forma de Plataforma como Serviço e outras ofertas de nuvem mais elevadas na pirâmide da nuvem, onde podem beneficiar de margens maiores e de um maior bloqueio do sistema.

O mercado da nuvem também começou a diversificar-se em dois grandes segmentos, a nuvem gerida e a nuvem não gerida. Uma nuvem gerida é aquela em que o fornecedor apoia a infraestrutura subjacente, oferecendo monitorização, resolução de problemas e um serviço de apoio ao cliente permanente. Numa nuvem não gerida, a infraestrutura é de autosserviço, não é fiável e, em caso de falha, é da responsabilidade do cliente dispor de mecanismos para restabelecer as suas operações.

Figure 6 Quadrante Mágico da Gartner para Alojamento Gerido com Base na Nuvem

O Quadrante Mágico da Gartner para IaaS gerida foi apresentado em meados de 2014 e mostra uma imagem diferente do mercado da Nuvem. Enquanto os analistas do sector, os clientes e a imprensa costumavam concentrar-se apenas na oferta de produtos e no preço, neste novo tipo de análise, a ênfase é dada à forma de apoiar eficazmente estes serviços. Empresas como a Rackspace apenas oferecem uma infraestrutura de Nuvem Gerida, enquanto a Amazon Web Services apenas oferece suporte através de modelos de preços escalonados para além da infraestrutura de base. Esta divisão foi criada devido ao facto de que, à medida que o mercado se expande, alguns clientes preferem ter algum nível de suporte, especialmente nos casos em que estes clientes não têm uma equipa dedicada e bem treinada em tecnologias de nuvem.

Desde 2012, tem-se desenrolado uma guerra de preços no mercado em que a AWS tem levado os concorrentes a uma corrida para o zero. Na figura abaixo, esta corrida pode ser observada com a maioria dos concorrentes no espaço a baixar os preços em intervalos semelhantes. No entanto, é muito difícil comparar com exatidão os preços, uma vez que o modelo de cada fornecedor varia drasticamente consoante o tipo de produto. Embora esta corrida se tenha desenrolado ao longo dos últimos dois anos, a tendência começou a abrandar no final de 2014. Por conseguinte, podemos partir do princípio de que os custos das infra-estruturas atingiram níveis de comodidade e que a diferenciação de preços será menos relevante com o tempo. Embora o mercado esteja a comportar-se cada vez mais como um produto de base, cada uma destas plataformas é muito diferente das outras e oferece pouca interoperabilidade, pelo que este mercado não se tornará completamente comoditizado num futuro próximo.

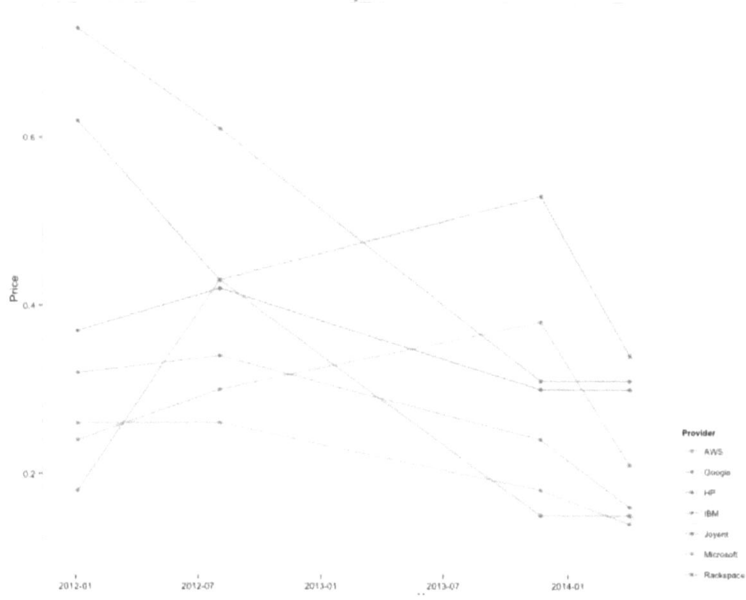

Figura 7: Preço base médio da IaaS ao longo do tempo(10)

Figure 7 mostra o preço base médio das instâncias de computação ao longo do tempo. À medida que as empresas adicionam novas ofertas ao portefólio, este tipo de análise torna-se mais complexo, no entanto, é uma forma relativamente simples de comparar a forma como as ofertas de computação baixaram os preços em intervalos semelhantes. Embora esta tendência tenha estabilizado e abrandado em 2014, ainda esperamos ver reduções de preços nos próximos anos, especialmente à medida que as cargas de trabalho mais tipicamente orientadas para as TI são transferidas para ambientes de nuvem.

1.5.1 Inquérito

Num inquérito eletrónico dirigido ao pessoal técnico de vendas de um fornecedor de IaaS na nuvem, foi pedido aos participantes que classificassem os critérios mais importantes que consideravam influenciar os clientes na escolha de um fornecedor de nuvem. A partir de 27 respostas, o inquérito mostrou que o preço é o fator mais importante para os seus clientes quando consideram um fornecedor de IaaS.

Relativamente à pergunta: "Quando os seus clientes procuram novos serviços de nuvem, quais são os principais aspectos que geralmente consideram? (Classificar de 1 a 5)", os inquiridos selecionaram o preço como o atributo mais importante, enquanto o portefólio de produtos foi a segunda resposta mais bem classificada. Isto mostra que a estratégia seguida pelos líderes neste espaço está a repercutir-se nos seus clientes e que a guerra de preços que se desenrolou em 2013 é indicativa do esforço destas empresas para conquistar quota de mercado.

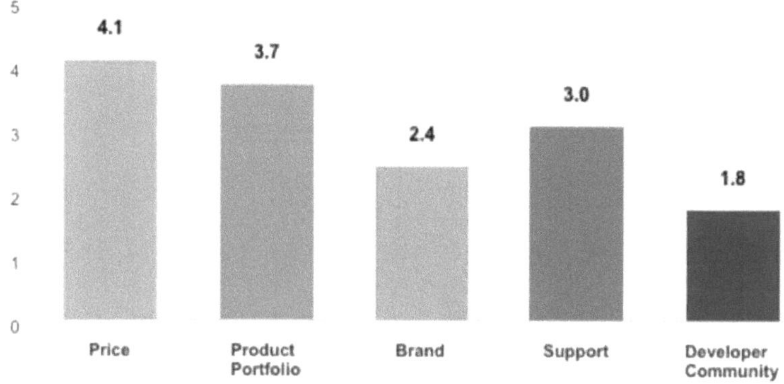

Figura 8: Inquérito sobre os atributos importantes que os novos clientes consideram ao selecionar um fornecedor de serviços de computação em nuvem

A partir dos resultados do inquérito, é evidente que os clientes procuram a melhor oferta de produtos a preços baixos. No entanto, a comoditização dos principais elementos de base da nuvem dificultou a obtenção de lucros com estes serviços, pelo que, por esta razão, o portefólio de produtos tem vindo a crescer rapidamente para ofertas PaaS, num esforço para fornecer valor acrescentado e gerar fidelização, ao mesmo tempo que gera margens maiores. No inquérito, o suporte foi o terceiro critério mais importante, seguido da marca e da comunidade de programadores. Na secção seguinte, comparei os principais fornecedores de IaaS pelo preço por caso de utilização em vez da infraestrutura bruta.

1.5.2 Comparação de custos de casos de utilização

Numa análise efectuada pela RBC Capital Markets para comparar os custos de diferentes fornecedores com base em casos de utilização reais que abrangem a computação, o armazenamento, a largura de banda e o apoio, a RBC apresentou o custo global de funcionamento de um servidor de 4 GB e os custos associados(11). Embora os custos da infraestrutura autónoma sejam muito simples de calcular, uma vez que são equivalentes em todos os fornecedores, os custos dos serviços colocam um problema diferente.

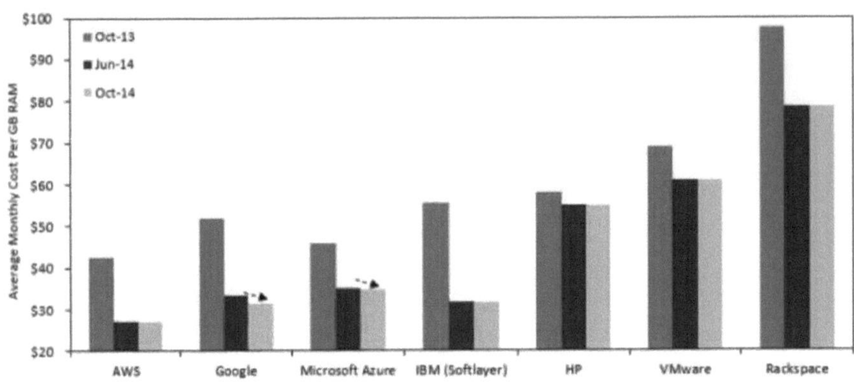

Figura 9: Preços de casos de utilização da nuvem por fornecedor(11)

Esta análise levantou várias questões, uma vez que não representava os custos reais de suporte e infraestrutura de forma eficaz, pois cada fornecedor tem ofertas muito diferentes. No caso da Rackspace, os custos reais nos meus cálculos resultaram em 59 dólares para a infraestrutura e o suporte. Isto mostra que comparar dois fornecedores à superfície pode ser enganador, uma vez que existem diferentes tipos de ofertas para além dos recursos comoditizados oferecidos por baixo.

2 Nuvens proprietárias

O mercado das infra-estruturas como serviço pode ser dividido em duas grandes categorias: proprietárias e de código aberto. Esta última foi criada como uma resposta ao domínio do mercado pelo líder neste espaço, a Amazon Web Services, e com o objetivo de distribuir o esforço de desenvolvimento por diferentes empresas que, individualmente, não têm os recursos ou a experiência para competir. Este capítulo abordará as carteiras de produtos de várias plataformas de nuvem proprietárias e o próximo capítulo apresentará uma visão geral das plataformas populares de código aberto.

Para efeitos desta tese, os fornecedores de serviços de computação em nuvem que têm um ecossistema fechado são considerados proprietários. Algumas destas plataformas, como a AWS, foram introduzidas antes de existirem plataformas de código aberto, pelo que a distinção não existia até 2012, quando o OpenStack e o CloudStack ganharam popularidade. Esta secção abordará a carteira de produtos e a estratégia das três principais nuvens proprietárias, Amazon Web Services, Google Compute Engine e Microsoft Azure.

2.1.1 Serviços Web da Amazon

A Amazon Web Services foi oficialmente lançada em 2006 na conferência do MIT sobre tecnologias emergentes, quando Jeff Bezos anunciou o lançamento do EC2 como um serviço acessível ao público. O antepassado do EC2 na Amazon é Chris Pinkman, um engenheiro responsável pela infraestrutura global da Amazon no início da década de 2000, que teve a ideia de criar um "serviço de infra-estruturas para o mundo"(6). Desde 2006, o EC2 cresceu e tornou-se a pedra angular da oferta de produtos Web Services da Amazon. Desde o lançamento do EC2, a Amazon registou um crescimento exponencial e lançou uma vasta gama de ofertas de produtos em torno da divisão de serviços Web.

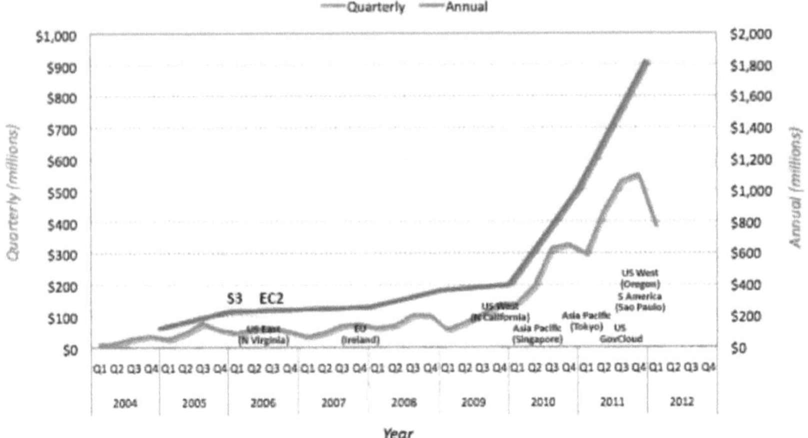

Figura 10: Activos de capital fixo da Amazónia 2004-2011

Infelizmente, a Amazon não divulga os seus dados financeiros e a repartição das receitas, pelo que não há uma indicação clara dos números exactos das receitas de cada uma das suas divisões. No entanto, analisando os seus activos de capital, as receitas totais e uma estimativa do mercado, podemos ter uma ideia da magnitude da AWS e da extensão do seu crescimento.

Em grande medida, a Amazon tem conseguido controlar o mercado através de efeitos de rede, de descidas agressivas de preços e de uma orientação para a comunidade de programadores com um nível de utilização gratuita limitado. De acordo com Cusumano e Suarez, a "força dos efeitos de rede inclina frequentemente a balança a favor das plataformas que conseguem construir a sua base instalada mais rapidamente do que os concorrentes"(12). Além disso, ao subsidiar fortemente os preços, a empresa consegue obter o efeito desejado em termos de adoção num espaço concorrencial mais concorrido. Em janeiro de 2014, a Amazon tinha reduzido o preço das suas ofertas mais de 40 vezes.

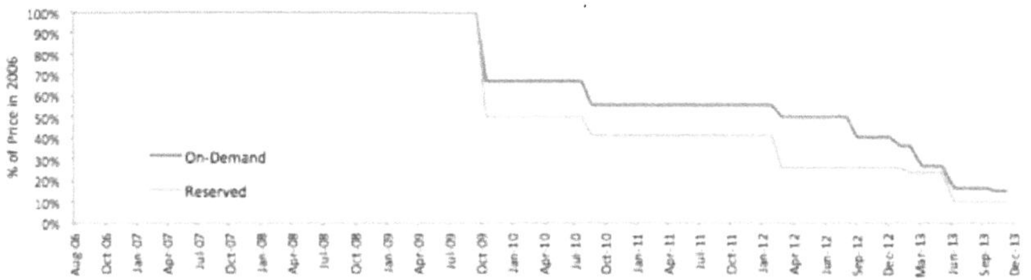

Figura 11: Histórico da queda de preços do EC2 desde 2006

Esta estratégia agressiva obrigou os concorrentes a reduzir os preços ao mesmo tempo, com reduções aparentemente coordenadas, em que os concorrentes reagiam rapidamente e igualavam ou baixavam ainda mais os preços. Em certa medida, o mercado está a seguir um produto comoditizado, pelo que a Amazon subiu para diferentes níveis da pilha de serviços na nuvem (PaaS e SaaS) em busca de margens mais elevadas e de uma maior fidelização.

A Amazon tem a maior e mais variada oferta de produtos de todos os fornecedores de IaaS na nuvem. Esta oferta é diversificada e está a expandir-se rapidamente para novas categorias de produtos. No final de 2014, a AWS anunciou vários produtos direcionados para os programadores, especificamente em torno de ferramentas, gestão de código-fonte e serviços de plataforma. Esta mudança mostra que a empresa está à procura de novas áreas para expandir o seu crescimento, ao mesmo tempo que impulsiona fontes de receitas com margens mais elevadas e assegura a fidelização à plataforma. Alguns dos pontos fortes da AWS são a rápida disponibilização de funcionalidades e serviços aos seus clientes, os efeitos de rede devido à sua escala, a perceção da marca e os clientes de alto nível, como a Netflix e as empresas em fase de arranque que promovem os seus serviços.

Alguns dos pontos fracos da Amazon Web Services são o facto de não oferecer apoio aos clientes, a menos que estes paguem taxas consideráveis. O facto de ter um ecossistema proprietário fechado e de se centrar sobretudo em sistemas de autosserviço e a sua falta de serviços de alojamento dedicados.

2.1.1.1 Oferta de produtos da Amazon Web Services

A carteira de produtos da Amazon está organizada em 7 categorias(13) , apresentadas abaixo. A AWS começou com um pequeno catálogo de produtos com serviços básicos de computação, armazenamento e redes, mas expandiu rapidamente a sua carteira para o segmento PaaS e SaaS da pirâmide da computação em nuvem.

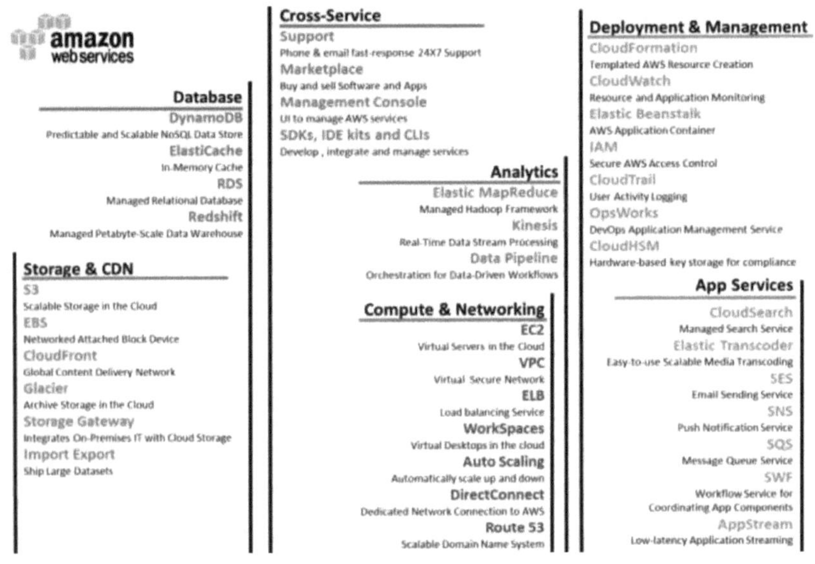

Figura 12: Catálogo completo de produtos AWS (2014)

Computação e redes:

EC2: O Amazon Elastic Compute Cloud (EC2) é um serviço que fornece capacidade de computação. Foi concebido para ser dimensionado com a organização com o mínimo de esforço e fornece controlo total dos recursos de computação. Este serviço é a pedra angular da oferta da Amazon, uma vez que foi o primeiro serviço lançado publicamente em 2006. Os clientes são facturados apenas pela capacidade que utilizam. O EC2 é oferecido através de uma variedade de tipos de instâncias com diferentes especificações.

Lambda: é um serviço de computação que executa código em resposta a eventos, lançado no final de 2014. Com o Lambda, é possível executar código (funções), em milissegundos após um evento, e permite aos programadores operar um serviço de back-end sem ter de manter qualquer infraestrutura. Inicialmente, essas funções serão escritas em Javascript, com a possibilidade de serem executadas em mais linguagens no futuro. A faturação do Lambda é calculada por pedido em incrementos de 100 milissegundos e o preço também depende da memória atribuída por função. Cada função também tem acesso a 512 MB de espaço em disco efémero.

As aplicações móveis, os navegadores Web e os dispositivos ligados dependem de eventos para executar a lógica e fornecer valor ao cliente apenas quando este o exige. O Lambda permite que o programador se preocupe apenas em responder a estes eventos, em vez de se preocupar com a infraestrutura que o rodeia. O ponto central deste serviço é oferecer capacidades de computação sem exigir que os clientes gerem a sua própria arquitetura e infraestrutura para escalar com a sua aplicação. Outras vantagens incluem a capacidade de desenvolver de forma semelhante no browser ou na aplicação e na Web e até partilhar código entre eles.

Armazenamento e CDN:

A Amazon Web Services fornece serviços de armazenamento de dados pagos. O S3 (Simple Storage Service) é utilizado para armazenamento de conteúdos e objectos. Um produto paralelo, o Glacier, oferece uma alternativa de baixo custo para ser utilizado principalmente para cópias de segurança. O Elastic Block Storage (EBS) fornece armazenamento de volume que está diretamente ligado a máquinas virtuais. Por último, a Amazon oferece outros serviços, como uma rede de distribuição de conteúdos (CDN), denominada CloudFront, para capacidades de serviço de ponta.

Base de dados:

A Amazon oferece diferentes tipos de bases de dados através do DynamoDB e do RDS (Relational Database Service). O DynamoDB oferece capacidades NoSQL, enquanto o RDS é um serviço utilizado para alojar soluções de bases de dados típicas, como Oracle, MySQL e SQL Server.

2.1.2 Google Cloud Platform

Em 2008, Paul McDonald, gestor de produto do Google App Engine, anunciou uma oferta de PaaS que permitia aos programadores executar aplicações Web na infraestrutura da Google. Esta foi a primeira incursão da Google na computação em nuvem e na PaaS(14). Desde o lançamento do App Engine, as capacidades do serviço foram rapidamente alargadas para acrescentar mais funcionalidades em matéria de identidade, armazenamento, pesquisa e outros serviços.

O Google só entrou no mercado de IaaS muito mais tarde. Em 2013, a Google lançou o Compute Engine para o público em geral com acordos de nível de serviço empresariais. Desde o lançamento destes serviços, a Google tem seguido uma abordagem semelhante à da Amazon e da Microsoft, reduzindo o preço global da infraestrutura de base e lançando serviços sobre a sua plataforma, como a sua oferta de Big Data.

Uma das principais atracções da Google é a estreita integração com as API da Google para serviços populares como Books, Maps, Places (15). Esta é a principal vantagem para quem adopta o App Engine, uma vez que os programadores podem tirar partido de serviços e pontos de integração prontos a utilizar.

A Google Cloud Platform está dividida em quatro categorias, semelhantes às da AWS, mas mais simplificadas:

Figura 13: Oferta da plataforma Google Cloud(16)

Alojamento e computação:

A oferta de computação do Google consiste em três produtos principais: Google App Engine, que é uma oferta PaaS que obteve algum sucesso através da sua vasta gama de APIs. Esta oferta abstrai a infraestrutura subjacente, expondo apenas as estruturas de desenvolvimento. O segundo produto de computação da Google é o Compute Engine, que compete diretamente com o EC2 da Amazon com pouca diferenciação. Por último, a Google lançou, em 2014, uma pré-visualização alfa do motor de contentores, que visa as implementações do docker(17).

Armazenamento:

A Google oferece bases de dados, armazenamento em bloco e um Datastore. O Datastore oferece uma base de dados NoSQL gerida para armazenar dados não relacionais. Em termos de oferta de produtos, existem poucas diferenças entre a oferta da Google e a da Amazon no que respeita ao armazenamento.

Grandes volumes de dados e serviços:

A Google centrou-se nos serviços de análise de Big Data, mas também, curiosamente, nos serviços de tradução, nas API de previsão e nos EndPoints como três ferramentas dispersas.

Com a Google a espalhar-se por diferentes frentes com o Android, a Pesquisa, as Apps, os Mapas e muitos outros serviços, parece que não é um forte concorrente na arena da IaaS na nuvem, no entanto, dada a sua grande escala e fontes de receita, é capaz de subsidiar este negócio, uma vez que internamente também beneficiaria do desenvolvimento destas ferramentas.

A empresa tem uma vasta experiência na execução de aplicações grandes e complexas que funcionam em grande escala, como os seus serviços de pesquisa e de correio eletrónico. Com esta experiência, a empresa consegue oferecer um produto sólido, capaz de competir através de cortes contínuos nos preços. À semelhança da AWS, o seu foco está nas aplicações de autosserviço e não oferece suporte nos seus níveis básicos. Por último, a empresa não dispõe de uma oferta de alojamento dedicado, uma vez que se centra apenas na nuvem pública.

2.1.3 Microsoft Azure

A Microsoft lançou o Azure, uma plataforma de infra-estruturas como serviço e produtos na nuvem, em fevereiro de 2010, em 21 países(18). Até à data, a empresa fornece um dos maiores e mais abrangentes portfólios de produtos do sector e, de acordo com a Gartner, a Microsoft é líder no espaço, embora continue a seguir a Amazon Web Services. A plataforma foi

anunciado em 2008, mas só dois anos mais tarde é que ficou disponível para o público em geral.

A Microsoft foi inicialmente lançada apenas com suporte para o sistema operativo Windows e a empresa investiu recursos consideráveis no desenvolvimento da sua plataforma. No entanto, em 2012, a empresa começou a oferecer algumas distribuições de Linux, competindo assim efetivamente com a Amazon, a Google e a Rackspace como principais fornecedores de serviços em nuvem.

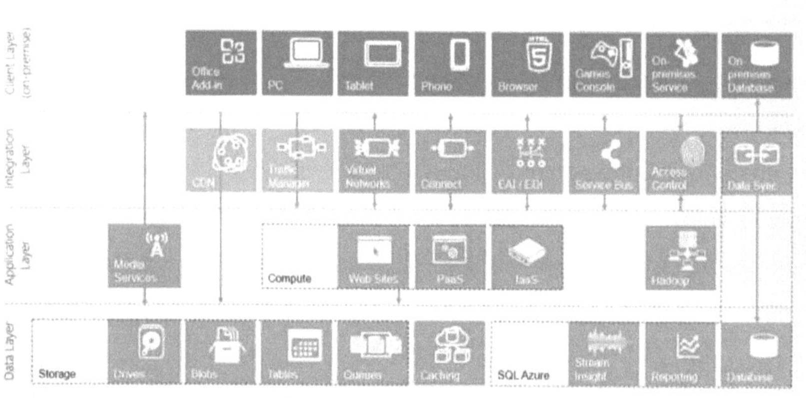

Figura 14: Portfólio de produtos Azure(19)

A Microsoft fez investimentos consideráveis na sua nuvem, e o seu compromisso com a computação em nuvem aumentou consideravelmente, como demonstrado com a promoção do líder da sua divisão de nuvem para o papel de CEO, Satya Nadella. Alguns dos pontos fortes da Microsoft são o facto de apelar aos clientes do Windows, dado o seu foco em torno da sua plataforma. Além disso, tem uma oferta sólida de Active Diretory e SQL, o que facilitou a adoção da sua nuvem pelas empresas típicas. Por último, também participou na estratégia agressiva de redução de preços que a AWS e a Google Cloud conduziram. Alguns dos seus pontos fracos são o facto de a plataforma Windows não ser a mais adequada para aplicações centradas na nuvem e de terem sofrido interrupções consideráveis que diminuíram a sua reputação.

3 Nuvens de código aberto

As alternativas de código aberto às nuvens proprietárias existem atualmente sob várias formas e oferecem benefícios que vão para além das nuvens proprietárias. A principal vantagem da implantação numa nuvem de código aberto é a promessa de portabilidade entre nuvens e consistência na implementação. Essa promessa ainda não se concretizou, mas, à medida que o OpenStack amadurecer, será mais fácil portar implementações ou mesmo ter soluções de dois fornecedores. Os projectos de código aberto mais populares são o Openstack, o Cloudstack, o Eucalyptus e o OpenNebula. No entanto, a adoção destas implementações está consideravelmente atrasada em relação às nuvens proprietárias. Esta secção abordará a história, a oferta de produtos e a estratégia subjacente ao Openstack e ao Cloudstack.

3.1.1 Openstack

O Openstack foi criado em 2010 numa joint venture entre a Rackspace Hosting e a NASA. A ideia por detrás deste projeto era partilhar o código-fonte e contribuir para o desenvolvimento de dois produtos, computação (Nova) e armazenamento (Swift). Em 2014, mais de 17 000 programadores e 435 empresas estavam envolvidos em mais de 145 países, tornando-se rapidamente o maior esforço de desenvolvimento de nuvens abertas e ultrapassando concorrentes como o CloudStack, o OpenNebula e o Eucalyptus. Empresas como a IBM, a Dell, a Cisco, a Hewlett-Packard e a AT&T são alguns dos contribuintes para este esforço.

O Openstack está dividido em vários projectos que imitam a oferta de produtos de nuvens proprietárias, como o AWS e o Azure. Estes projectos de software são:

- **Computação** (Nova)
- **Armazenamento**: Armazenamento de objectos (Swift), armazenamento de blocos (Cinder) e base de dados (Trove).

- **Ligação em rede** (Neutron).
- **Serviços partilhados**: Identidade (Keystone), Dashboard (Horizon), Orquestração (Heat), Processamento de Dados (Sahara), Telemetria (Ceilometer) e Serviço de Imagens (Glance).
- **Em desenvolvimento**: Bare Metal (Ironic), Serviço de Filas (Zaqar), Sistema de ficheiros partilhado (Manila), DNS (Designate) e Gestão de Chaves (Barbican).

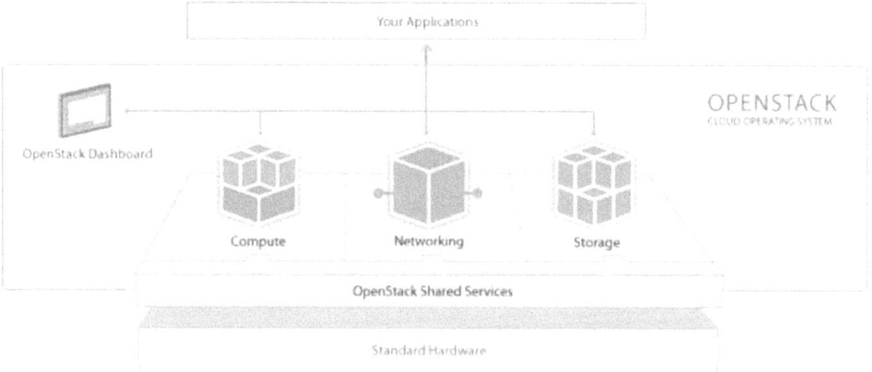

Figura 15: Serviços de software OpenStack(20)

Uma vez que o OpenStack é um projeto de código aberto com um esforço de desenvolvimento muito distribuído por muitas empresas, a comunidade realiza várias conferências em todo o mundo onde os programadores e também as empresas mostram os seus progressos, quer contribuindo para o OpenStack, quer apresentando os detalhes da sua implementação.

Em 2013, a dimensão do mercado OpenStack foi estimada em cerca de 600 milhões de dólares. De acordo com a empresa de análise 451 Research, o mercado do OpenStack ultrapassará os 1,7 mil milhões de dólares até 2016.

Um dos principais promotores do OpenStack é a Rackspace, seu membro fundador juntamente com a NASA. A oferta de serviços em nuvem da Rackspace baseia-se no OpenStack e a empresa afectou recursos de desenvolvimento consideráveis para contribuir e operar a sua infraestrutura de nuvem em código aberto.

Centenas de empresas contribuíram para o OpenStack e os seus vários projectos. No final de 2014, mais de 7800 contribuições foram contabilizadas no projeto GitHub.

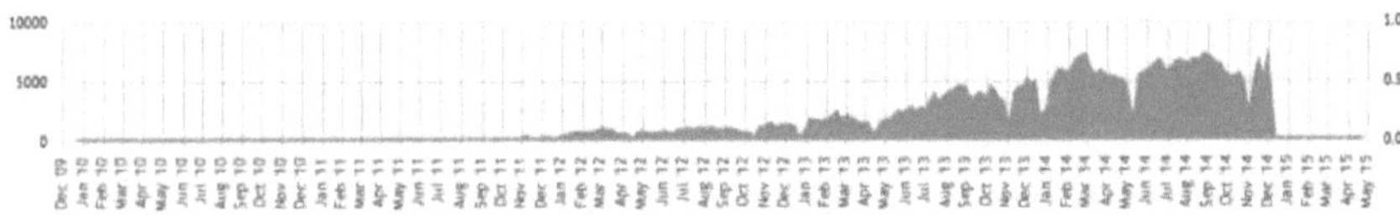

Figura 16: Linha do tempo da contagem de contribuições do OpenStack(21)

Os principais contribuintes globais para o OpenStack são Rackspace, RedHat, HP, Nebula e alguns outros, como IBM e Mirantis, como se pode ver na Figura 16. No entanto, na versão anterior, a HP assumiu o lugar de destaque como o maior contribuinte para a versão Kilo (final de 2014).

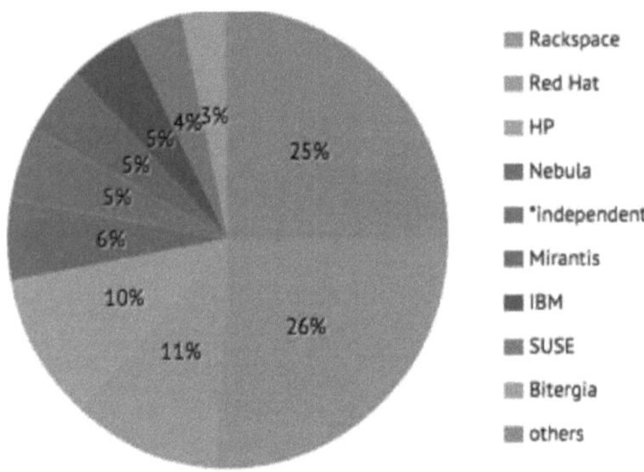

Figura 17: Principais contribuidores do OpenStackTop(21)

3.1.1.1 Rackspace

A Rackspace é considerada uma das primeiras empresas a entrar no espaço da nuvem. A empresa de alojamento foi fundada em 1998 por Richard Yoo, Pat Condon e Dirk Elmendorf e cresceu de um pequeno serviço de alojamento dedicado para uma grande empresa multinacional com uma forte carteira de produtos.

De 1998 a 2008, a Rackspace dedicou-se sobretudo a fornecer serviços de alojamento dedicado com serviços de apoio, comercializados como Fanatical Support. A empresa descobriu que muitas empresas queriam que alguém gerisse e apoiasse a infraestrutura por elas, fornecendo simultaneamente alta disponibilidade, redundância e gestão permanente. Em 2008, a Rackspace adquiriu a startup Slicehost, uma empresa que entrou no mercado da nuvem e forneceu uma nuvem baseada em máquinas virtuais multi-tenant e investiu fortemente na implementação da primeira oferta de nuvem da Rackspace. A Slicehost fornecia poder de computação a pedido em fatias de 256 MB de RAM, daí o nome da empresa. Em 2009, a Rackspace lançou a primeira geração de serviços de computação em nuvem aproveitando a aquisição da Slicehost e foi uma das primeiras empresas a entrar neste mercado, juntamente com a AWS. No entanto, devido às entradas da Microsoft, Google, HP, IBM e muitas outras empresas tecnológicas com grandes orçamentos para investir na nuvem, a Rackspace procurou formas de competir neste mercado, tirando partido de uma maior comunidade de programadores e da economia de código aberto. Por este motivo, os programadores da Rackspace co-fundaram o OpenStack em 2010, contribuindo com um projeto de armazenamento de blocos com o nome de código Swift, enquanto a NASA contribuiu com a sua oferta de computação, com o nome de código Nova. Globalmente, a Rackspace continua a ser o maior contribuidor para o OpenStack, embora nas últimas versões, e dada a crescente popularidade da plataforma, outros fornecedores de serviços em nuvem, como a HP, tenham assumido a liderança como principais contribuidores.

A Rackspace lançou uma nova geração da sua nuvem em agosto de 2012, utilizando principalmente o OpenStack. A estratégia da empresa consistia em criar uma plataforma aberta para fornecedores de nuvens e permitir que os clientes migrassem cargas de trabalho de diferentes nuvens sem terem de aprender novas API e terminologia informática.

Desde o lançamento da primeira geração da Rackspace, a empresa lançou produtos de rede, armazenamento e expandiu a sua oferta de computação, fornecendo simultaneamente diferentes níveis de apoio aos clientes que ainda valorizam este serviço. Quando a guerra de preços se desenrolou, a Rackspace mudou de estratégia e decidiu concentrar-se no segmento de mercado **da nuvem gerida** em 2014, deixando de baixar os preços ao mesmo tempo que os concorrentes faziam o mesmo. O objetivo desta estratégia é desencorajar os programadores independentes e as primeiras empresas em fase de arranque de se inscreverem, uma vez que tendem a ter pequenas implementações e, por conseguinte, receitas mínimas para a empresa, incorrendo em custos de suporte elevados.

Como parte do Fanatical Support, a Rackspace oferece dois níveis: Infraestrutura gerida e Operações geridas. Na infraestrutura gerida, a equipa de suporte ajudará com assistência à arquitetura, orientação para o desenvolvimento de código e gestão do lançamento a uma taxa mínima de 50 dólares por mês. Nas Operações Geridas, o suporte da Rackspace gere a nuvem para os seus clientes, incluindo a aplicação de patches, a monitorização e a manutenção de aplicações. Existe um terceiro nível, conhecido como DevOps, que é um nível de serviço em que a equipa de apoio da Rackspace trabalha com os programadores que utilizam a nuvem para fornecer automatização para a implementação em todos os níveis do processo de desenvolvimento, desenvolvimento, teste e implementação na produção.

Recentemente, a Gartner publicou um novo quadrante mágico (apresentado na Figura 6), no qual a Rackspace é considerada líder neste segmento de mercado. Dada esta mudança de foco, a empresa está agora a visar clientes que apreciam fiabilidade, suporte e orientação arquitetónica para além do preço. Além disso, a Rackspace considera-se líder na nuvem híbrida, dadas as suas raízes no alojamento dedicado gerido, e a empresa comprometeu-se a respeitar as normas abertas.

No segmento Managed Cloud, a Rackspace está a concentrar-se nas empresas em vez de vender diretamente aos consumidores. A empresa consegue atingir desde as pequenas empresas às grandes empresas, tirando partido da sua equipa de vendas para grandes empresas e ajudando as organizações a explorar, crescer e otimizar os seus recursos. No entanto, uma das áreas que a empresa tem dificuldade em abordar é a sua estratégia com a comunidade de programadores e estudantes. Apesar de existirem programas como o Developer+, a empresa não é incentivada a aumentar a base de clientes desta forma, uma vez que o programa não é ativamente comercializado em eventos para programadores ou conferências de startups. Uma das desvantagens deste programa é que os programadores não têm acesso à organização de suporte como os clientes regulares. Este esforço resultou numa diminuição da taxa de aquisição de utilizadores pelos clientes, enquanto as receitas por utilizador aumentaram.

3.1.2 CloudStack

O CloudStack é um projeto Apache de código aberto concebido para gerir recursos de infra-estruturas na nuvem, principalmente através da gestão de máquinas virtuais. Este projeto centra-se sobretudo na computação e este é um dos factores de diferenciação em relação ao OpenStack. O projeto começou em 2008 como uma startup chamada VMOps e está disponível como código aberto desde meados de 2010, no entanto, o projeto tem estado em incubação com a fundação Apache desde 2012, após a aquisição da Cloud.com pela Citrix.

O CloudStack é uma plataforma de software utilizada para criar nuvens a pedido. Fornece capacidades para a criação de máquinas virtuais, volumes de armazenamento e redes, de forma semelhante à permitida pelo OpenStack. Esta plataforma também permite a utilização de hipervisores subjacentes, como o XenServer, o vSphere e o KVM, e é implementada num conjunto de servidores que gerem esta infraestrutura. As interfaces de gestão oferecidas estão disponíveis através da utilização de uma interface de utilizador ou de um conjunto de API(22).

Este projeto OpenSource também está disponível no Git e é oferecido com uma licença Apache e é um projeto com contribuições activas, com muitas empresas a comprometerem recursos para o desenvolvimento da plataforma. Dada a recente popularidade do OpenStack, grande parte do esforço foi desviado deste projeto. Por exemplo, o OpenStack recebeu mais de 450 estrelas, enquanto o CloudStack teve cerca de 183. Por último, o CloudStack tem 168 contribuidores até à data, enquanto o OpenStack tem mais de 400 (23)(24).

Com a popularidade do OpenStack e a recente reorganização, a Citrix levou o CloudStack a uma nova direção. Com a saída de vários executivos importantes da empresa, o projeto de código aberto irá sofrer e provavelmente cairá na irrelevância.

4 Novos desenvolvimentos na tecnologia de nuvem

Tradicionalmente, a nuvem tem sido alimentada pela tecnologia de virtualização, que não mudou muito desde o início dos anos 2000. As melhorias incrementais, como o aumento da eficiência da nuvem, a migração em tempo real, os sistemas operativos leves e a propagação de APIs IaaS, tornaram mais fácil operar uma nuvem em escala, ao ponto de a nuvem se ter tornado uma espécie de mercadoria. No entanto, desde 2013, uma nova tecnologia de implantação, baseada em contentores leves chamados Docker, levou a uma mudança considerável para as operações dos programadores e a uma redução das despesas gerais entre a aplicação e o hardware subjacente. Quase todos os grandes fornecedores de serviços de computação em nuvem prometeram incorporar o Docker e as ofertas de contentores em 2014 e 2015. Este capítulo abordará uma visão geral da tecnologia de virtualização, como ela difere dos contêineres e, principalmente, focará em como as implementações do Docker mudaram a forma como os desenvolvedores trabalham e implantam aplicativos em ambientes de produção, alcançando ainda mais eficiência.

4.1 Virtualização

A ideia de virtualização tem sido utilizada desde os anos 60 e 70 através da utilização de mainframes e soluções de partilha de tempo. A partilha de tempo permitiu que várias aplicações ou utilizadores partilhassem o mesmo hardware subjacente em intervalos de tempo. Este desenvolvimento levou à redução do custo da computação, uma vez que as grandes organizações podiam agora utilizar melhor o hardware e os utilizadores podiam executar tarefas computacionais sem necessitarem de uma máquina dedicada(25).

Atualmente, a tecnologia de virtualização permite a partilha de recursos através de pools de CPU, memória, rede e armazenamento para os utilizadores sob a forma de máquinas virtuais. O principal mecanismo de um ambiente virtualizado é chamado de hipervisor. O hipervisor é o sistema operativo que é executado em cima do hardware e que permite a criação e execução de vários espaços de sandbox ou logicamente separados onde os sistemas operativos estão alojados. Existem dois tipos de hipervisores que são definidos pela forma como são executados no hardware nativo: bare e hosted. Num ambiente simples, o hipervisor é executado diretamente no hardware. Num hipervisor alojado, é executado em cima de um sistema operativo anfitrião. Exemplos de hipervisores bare são o Microsoft HyperV, Xen, VMWare ESX e Oracle VM e, no caso dos hipervisores alojados, temos exemplos como o VirtualBox, Parallels e Microsoft Virtual PC.

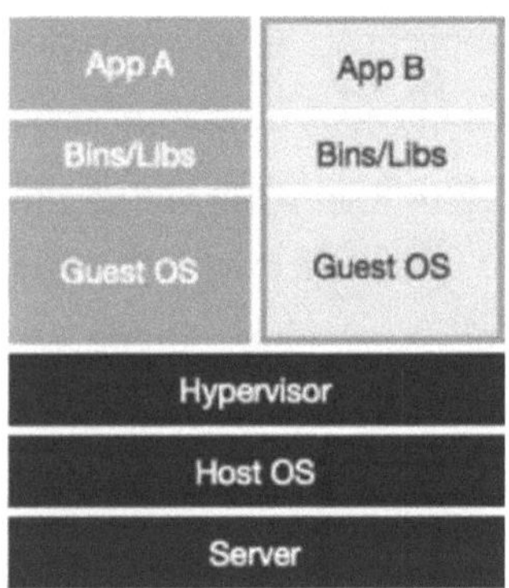

Figura 18: Pilha típica de máquinas virtuais no hipervisor(26)

Existem várias razões pelas quais a tecnologia de virtualização é tão popular e amplamente adoptada. Em primeiro lugar, a maior eficiência na utilização de recursos, que permite uma utilização mais optimizada dos recursos informáticos e flexibilidade para os programadores executarem ambientes limitados sem necessitarem de hardware dedicado ou afectarem outras aplicações. Em segundo lugar, a execução em ambientes virtualizados permite flexibilidade em caso de falha e permite a maximização do tempo de atividade, um requisito importante da infraestrutura altamente disponível. Isto é conseguido através do conceito de elasticidade, o que significa que o ambiente da aplicação pode ser escalado horizontalmente de acordo com as necessidades da empresa, ao mesmo tempo que tem a capacidade de uma rápida recuperação de desastres. Todas estas vantagens permitiram uma utilização mais eficiente dos recursos e, por conseguinte, uma redução do custo de funcionamento de ambientes complexos.

Todos os principais fornecedores de serviços em nuvem utilizam a virtualização para alimentar a sua infraestrutura e, embora existam mais opções em termos de sistema operativo de hipervisor e de arquitecturas. Tem havido melhorias consideráveis na eficiência das máquinas virtuais e na criação de sistemas operativos Linux mais leves. Por exemplo, o CoreOS é um sistema operativo mínimo que consome menos 40% de memória do que a distribuição Linux média, criado para funcionar em ambientes de cluster e executar aplicações em contentores(27). A tecnologia de virtualização também melhorou consideravelmente em termos de eficiência, proporcionando uma otimização da utilização da CPU e da memória, enquanto o maior desafio se prende com o rendimento do disco, especialmente nos últimos anos, com a adoção de unidades de estado sólido de maior velocidade. Para resolver algumas dessas deficiências, os aplicativos de desenvolvedor se voltaram para soluções como a execução em contêineres ou em hardware bare-metal.

4.2 Contentores: Um estudo de caso sobre o Docker

O Docker é uma plataforma de contentores de código aberto que permite aos programadores enviar, criar e executar aplicações em diferentes ambientes. O objetivo desta plataforma é minimizar o número de componentes necessários para executar aplicações distribuídas e reduzir o atrito entre o desenvolvimento, os testes e a implementação.

Esta plataforma é diferente dos ambientes virtualizados, uma vez que é composta apenas pela aplicação e pelos binários necessários, sem necessitar de um sistema operativo anfitrião completo e de um kernel que acrescentaria despesas gerais, em particular o hipervisor. A principal vantagem dos contentores e do Docker é que não necessitam de um sistema operativo completo para executar a aplicação, uma vez que apenas necessitam da aplicação e dos binários ou bibliotecas necessários. O Docker fornece uma forma padrão, bem documentada e fiável de gerir os contentores subjacentes e, por esta razão, ganhou popularidade desde a sua criação em 2013.

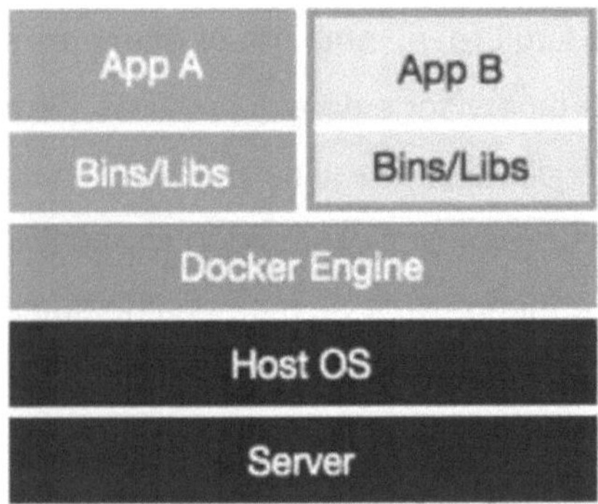

Figura 19: Pilha de contentores(26)

O Docker é composto pelo **daemon** que se encontra na máquina do servidor e aceita comandos do **cliente** docker. O daemon comunica com o sistema operativo subjacente através de uma **libcontainer**, que é uma biblioteca capaz de executar comandos para gerir os contentores. O utilizador comunica com o daemon através de um cliente docker, que pode ser uma linha de comandos ou uma interface de utilizador. Por último, o **registo** é um serviço fornecido pela plataforma docker na nuvem para alojar as bibliotecas e as aplicações através de uma imagem. Esta imagem pode ser instalada como um contentor através do daemon docker e estas imagens empacotadas podem ser criadas por qualquer utilizador e partilhadas através do registo.

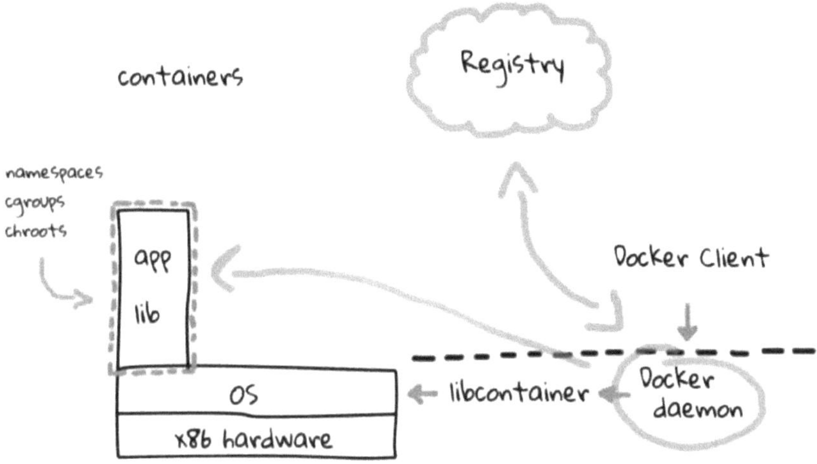

Figura 20: Arquitetura Docker(28)

O Docker (e os contentores) é considerado uma tecnologia disruptiva em relação à virtualização tradicional, uma vez que proporciona ganhos consideráveis em termos de eficiência e utilização de recursos, eliminando a necessidade de um sistema operativo executado em cima de um hipervisor. Dado que o projeto é de código aberto, os principais intervenientes do sector, como a Google, a RedHat, a Rackspace e a Canonical, estão a adoptá-lo.

A empresa startup foi lançada em março de 2013 como uma plataforma aberta e ganhou popularidade muito rapidamente na comunidade de startups e de programadores, contando já com mais de uma centena de encontros (reuniões de programadores) em todo o mundo e também com o apoio de muitas grandes empresas que a utilizam, como a Gilt, a Yelp, a Google, a Microsoft e a Rackspace, para citar algumas(26).

Embora o Docker tenha o potencial de mudar o espaço de IaaS, ele precisa evoluir além de uma estrutura de empacotamento, pois os desenvolvedores ainda estão executando o mesmo código em uma infraestrutura semelhante, que está em ambientes virtualizados, como a AWS. Um dos principais argumentos de que isso está prestes a mudar é o lançamento de servidores bare-metal, que são basicamente nós de servidores físicos que podem ser provisionados da mesma forma que os ambientes virtualizados, no entanto, o custo de cada um dos servidores bare-metal é consideravelmente maior do que o das máquinas virtuais(29).

Os primeiros benchmarks foram executados em contentores docker comparando-os com máquinas virtuais e os resultados mostraram que o docker oferece melhores tempos de arranque e paragem. Por exemplo, num teste realizado por programadores de uma empresa startup chamada Flux 7, os contentores Docker arrancavam e paravam em menos de 50 milissegundos, enquanto as máquinas virtuais demoravam entre 30 e 45 segundos a arrancar e até 10 segundos a parar. Noutros testes, o benchmark de memória, armazenamento e CPU do Docker foi semelhante ao do KVM e do hardware bare-metal. A principal diferença está na latência da rede devido aos mecanismos de encaminhamento no Docker que produziram atrasos durante a execução dos testes de desempenho (30). Noutro teste realizado em contentores pela IBM, o IOPS (random IO throughput), os resultados mostraram que, durante as operações aleatórias, o desempenho das máquinas virtuais era consideravelmente mais lento do que o do Docker e do Native, proporcionando assim o maior benefício (31).

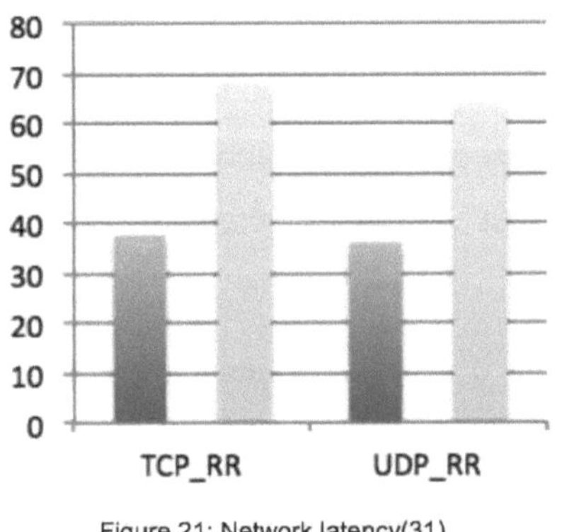

Figure 21: Network latency(31)

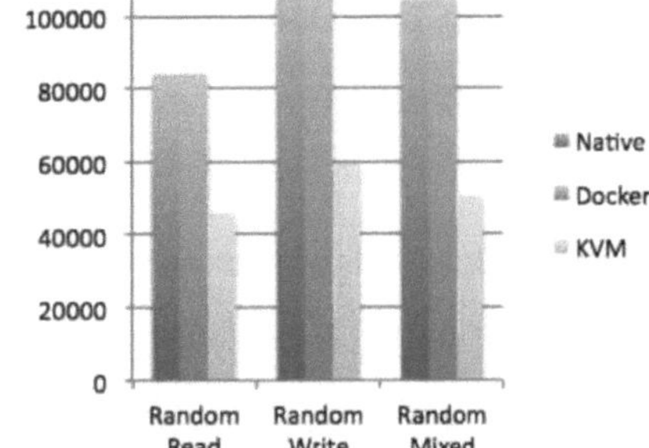

Figura 22: Taxa de transferência do disco (IOPS) (31)

O Docker é consideravelmente mais eficiente do que a tecnologia de virtualização, uma vez que não requer um sistema operativo em cada máquina virtual. Além disso, os contentores do Docker são mais pequenos, pelo que podem existir mais contentores no mesmo hardware. Embora a latência da rede possa ser afetada com o encaminhamento de pacotes de rede para o contentor correspondente, esta limitação será provavelmente ultrapassada quando o Docker evoluir de forma semelhante à forma como uma tecnologia disruptiva ultrapassa a incumbente à medida que é melhorada.

Conclusão

O sector da computação em nuvem está a evoluir rapidamente para mais do que apenas uma infraestrutura como serviço. Nas últimas décadas, os fornecedores de serviços de computação em nuvem concentraram-se na criação de um portfólio básico de serviços que oferecem os principais componentes da nuvem através de recursos de computação, rede e armazenamento. No entanto, o aumento da concorrência e a entrada de poderosas empresas de tecnologia no espaço resultaram numa guerra de preços em que estas ofertas se tornaram comoditizadas em muitos aspectos. Esta situação conduzirá a uma certa consolidação do sector através de aquisições de pequenos operadores por grandes empresas tecnológicas.

A indústria está a subir rapidamente na pirâmide da nuvem para oferecer serviços de plataforma (PaaS) e de software (SaaS), num esforço para ganhar com os efeitos de rede da criação de comunidades e mercados em torno dos seus serviços. Além disso, as novas empresas do sector conseguiram criar os seus produtos com base nesta infraestrutura, preenchendo as lacunas deixadas pelos grandes fornecedores de infra-estruturas. Toda esta inovação conduziu a uma aceleração da taxa de inovação que beneficiou os programadores independentes e as empresas em fase de arranque, que podem construir as suas aplicações sobre todas estas plataformas e infra-estruturas a custos mínimos e a uma velocidade mais rápida do que nunca.

O mercado da nuvem está a crescer rapidamente à medida que as grandes empresas transferem as suas cargas de trabalho dos seus próprios centros de dados para a nuvem. Embora a nuvem esteja a crescer a um ritmo acelerado, a maior parte das cargas de trabalho tradicionais ainda está a ser executada fora da nuvem, principalmente porque muitas delas se baseiam em sistemas antigos e devido à necessidade de aumentar a conformidade e as normas de segurança na nuvem. Quando algumas destas lacunas forem colmatadas, a maior parte destas aplicações será transferida para a nuvem para beneficiar das vantagens das nuvens escaláveis e elásticas. Além disso, com a criação de plataformas de computação em nuvem de fonte aberta, esta mudança será mais fácil, uma vez que as grandes empresas não terão de se comprometer com um fornecedor proprietário, dispondo ao mesmo tempo de um conjunto sólido de funcionalidades para ter mais controlo sobre a sua infraestrutura.

Por último, os recentes desenvolvimentos no domínio da computação em nuvem, como a criação de estruturas de contentores, como o docker, e de estruturas de computação abstrata, como o Lambda da AWS, resultarão numa aceleração da criação de empresas em fase de arranque. O principal benefício de todos estes desenvolvimentos é a redução do atrito entre o desenvolvimento de aplicações e a sua disponibilização em produção. À semelhança do que as lojas de aplicações proporcionaram à indústria dos smartphones, a criação de estruturas de desenvolvimento e a abstração dos recursos subjacentes fizeram os avanços mais importantes na indústria das tecnologias da informação na última década.

Referências

1. Carr N. Cloud computing: BartonPlus [Internet]. [citado 2014 Nov 3]. Disponível em:

http://eds.a.ebscohost.com.libproxy.mit.edu/eds/detail/detail?sid=28027 a52-cce8-425b-a6de-1413a8c1b6e9@sessionmgr4004&vid=2&hid=4102&bdata=JnNpdGU9ZWRzLWxpdmU=#db=ers&AN=87323246

2. Computação em nuvem híbrida, hospedagem híbrida da Rackspace [Internet]. [citado 2014 Nov 7]. Disponível em: http://www.rackspace.com/cloud/hybrid/

3. VMware Virtualization Technology & Virtual Machine Software | Estados Unidos [Internet]. [citado 2014 Nov 3]. Disponível em: http://www.vmware.com/virtualization

4. Pelkey J. 2.1-IntergalacticNetwork-1962-1964.html [Internet]. [cited 2014 Oct 27]. Disponível em: http://www.historyofcomputercommunications.info/Book/2/2.1-IntergalacticNetwork_1962-1964.html

5. Garfinkel S. The Cloud Imperative | MIT Technology Review [Internet]. 2011 [cited 2014 Oct 27]. Disponível em:

http://www.technologyreview.com/news/425623/the-cloud-imperative/

6. Clark J. Como a Amazon expôs as suas entranhas: A história do EC2 da AWS | ZDNet [Internet]. [cited 2014 Oct 29]. Disponível em: http://www.zdnet.com/how-amazon-exposed-its-guts-the-history-of- awss-ec2-3040155310/

7. OnMetal - Servidores em nuvem bare-metal e de inquilino único da Rackspace [Internet]. [citado 2014 Nov 13]. Disponível em: http://www.rackspace.com/cloud/servers/onmetal/

8. Leong L, Toombs D, Gill B, Petri G, Haynes T. Magic Quadrant for Cloud Infrastructure as a Service [Internet]. [cited 2014 Nov 6]. Disponível em: http://www.gartner.com/technology/reprints.do?id=1-

1UKQQA6&ct=140528&st=sb

9. D'Onfro J. Amazon Web Services Market Share - Business Insider [Internet]. 2014 [citado 2014 Nov 6]. Disponível em: http://www.businessinsider.com/amazon-web-services-market-share- 2014-6

10. O'Grady S. The Implication of IaaS Pricing Patterns and Trends [Internet]. [cited 2014 Nov 30]. Disponível em: http://redmonk.com/sogrady/

11. Darrow B. O que é que se passa com as comparações de preços da computação em nuvem? Aqui estão elas num gráfico fácil de consultar - Tech News and Analysis [Internet]. [citado 2014 Nov29]. Disponível em:

https://gigaom.com/2014/10/02/confused-by-cloud-computing-price-comparações-aqui-estão-em-um-carto-de-facilidade-da-paz/

12. Cusumano M, Suarez F. The Role of Services in Platform Markets [Internet]. 2008. Disponível em :

http://ebusiness.mit.edu/research/papers/244_Cusumano_Platforms%20and%20Services%20Chapter.pdf

13. Varia J, Mathew S. Overview of Amazon Web Services [Internet]. 2014. Disponível em: https://media.amazonwebservices.com/AWS_Overview.pdf

14. O que é o Google App Engine? - Google App Engine - Google Cloud Platform [Internet]. [citado 2014 Nov 30]. Disponível em: https://cloud.google.com/appengine/docs/whatisgoogleappengine?csw= 1

15. Wayner P. Revisão: O Google Compute Engine agita a nuvem | InfoWorld [Internet]. [citado 2014 Nov 30]. Disponível em: http://www.infoworld.com/article/2614917/cloud-computing/review-- google-compute-engine-rocks-the-cloud.html?page=3

16. Google Cloud Computing, serviços de alojamento e suporte na nuvem - Google Cloud Platform [Internet]. [citado 2014 Nov 30]. Disponível em: https://cloud.google.com/

17. Google Container Engine - Google Cloud Platform [Internet]. [citado 2014 Nov 30]. Disponível em: https://cloud.google.com/container- engine/

18. Hauger D. Disponibilidade geral do Windows Azure - O blogue oficial da Microsoft [Internet]. [cited 2014 Dec 11]. Disponível em: http://blogs.microsoft.com/blog/2010/02/01/windows-azure-general-availability/

19. Woody B. Windows Azure - Escrever, executar ou usar software - Carpe Datum - Página inicial do site - MSDN Blogs [Internet]. [cited 2014 Dec 11]. Disponível em: http://blogs.msdn.com/b/buckwoody/archive/2012/06/13/windows-azure-write-run-or-use-software.aspx

20. Software " OpenStack Software de computação em nuvem de código aberto [Internet]. [citado 2014 dez 6]. Disponível em:

http://www.openstack.org/software/

21. Stackalytics | Contribuição da comunidade OpenStack em todas as versões [Internet]. [cited 2014 Dec 11]. Disponível em: http://stackalytics.com/?release=all

22. FAQ do Apache CloudStack [Internet]. [cited 2014 Dec 30]. Disponível em: http://cloudstack.apache.org/cloudstack-faq.html

23. apache/cloudstack - GitHub [Internet]. [cited 2014 Dec 30]. Disponível em: https://github.com/apache/cloudstack

24. openstack/openstack - GitHub [Internet]. [cited 2014 Dec 30]. Disponível em: https://github.com/openstack/openstack

25. Breve história da virtualização [Internet]. [citado 2014 dez 16]. Disponível

em:

https://docs.oracle.com/cd/E26996_01/E18549/html/VMUSG1010.html

26. O que é o Docker? Uma plataforma aberta para aplicações distribuídas [Internet]. [cited2014Dec16]. Availablefrom : https://www.docker.com/whatisdocker/

27. CoreOS é Linux para implantações massivas de servidores [Internet]. [cited 2014 Dec 17]. Disponível em: https://coreos.com/

28. Weissig J. Sysadmin Casts - Episódio #31: Introdução ao Docker [Internet]. [cited 2014 Dec 30]. Disponível em: https://sysadmincasts.com/episodes/31-introduction-to-docker

29. Shepherd D. Evolution of Docker and Its Impact on AWS - i build the cloud [Internet]. [cited 2014 Dec 28]. Disponível em: http://www.ibuildthecloud.com/blog/2014/08/12/evolution-of-docker-and- its-impact-on-aws/

30. Hussain A. Desempenho do Docker vs VMs [Internet]. [cited 2014 Dec 17]. Disponível em: http://www.slideshare.net/Flux7Labs/performance- of-docker-vs-vms

31. Felter W, Ferreira A, Rajamony R, Rubio J. Uma comparação actualizada do desempenho de máquinas virtuais e contentores Linux. 2014.

Apêndice A - Modelo de inquérito

Nome

Quais são as principais funcionalidades que os seus clientes gostariam que os Cloud Servers suportassem e que não são oferecidas atualmente?

Caraterística 1

Caraterística 2

Caraterística 3

Caraterística 4

Caraterística 5

Estas caraterísticas estão a impedi-los de utilizar a Nuvem Pública do Fornecedor X?

Sim

Não

Quando os seus clientes procuram novos serviços na nuvem, quais são os principais aspectos que geralmente consideram? (Dê prioridade à lista abaixo)

Preço

Marca

Apoio

Comunidade de programadores

Portfólio de produtos

Existem outros factores que estão a impedir os novos clientes de utilizarem a nossa nuvem?

Adicionar notas ou comentários aqui

Printed by Books on Demand GmbH, Norderstedt / Germany